ÉTUDE

SUR

LE PRÉSIDENT LE FEBVRE.

TOUL, IMPRIMERIE DE Vᵉ BASTIEN.

ÉTUDE

SUR

LE PRÉSIDENT LE FEBVRE.

(Par M. Charles-Auguste Salmon, Conseiller à la Cour de Cassation)

..... Je n'ay jamais rien eu de si cher que le bien et le salut du Roy et de ma patrie.

Testament du chancelier De l'Hopital.

TOUL,

IMPRIMERIE ET LIBRAIRIE DE Mme Ve BASTIEN.

—

1842.

En lisant les mémoires de M. Noël sur le règne de Léopold, j'ai admiré le beau caractère du président Le Febvre : la lecture des Mémoires particuliers de ce grand magistrat n'a fait qu'augmenter mon admiration. J'ai étudié sa vie avec conscience, avec respect, et j'ai essayé de donner une idée des travaux qui l'ont remplie. Puisse cette esquisse ne pas rendre trop infidèlement les traits d'un homme qui fut, sous le règne d'un excellent prince, le modèle du citoyen et de l'homme d'état !

ÉTUDE

SUR

LE PRÉSIDENT LE FEBVRE.

..... Je n'ay jamais rien eu de si cher que le bien et le salut du Roy et de ma patrie.

Testament du chancelier De l'Hopital.

La force appuyée du nombre, et la politique secondée par la fortune l'avaient emporté sur la valeur et sur le bon droit; envahie par la France, la Lorraine gémissait toujours sous sa domination : Charles IV, après avoir en vain lutté contre deux rois, une régente et deux ministres qui, plus puissans que leurs maîtres, avaient brisé, dans ce royaume, les restes de la féodalité en étouffant ses dernières révoltes, Charles IV était mort sur la terre d'exil, sans avoir revu ses états; Charles V, illustré par de grandes victoires et d'égales infortunes, l'avait suivi dans la tombe : prince souverain, il n'avait pu montrer son génie qu'en le mettant à la solde d'un prince étranger; il allait descendre dans la tombe, et ne voyant, pour sa postérité, d'autres moyens de recouvrer une couronne qu'il ne lui avait pas été donné d'affranchir, que la froide bienveillance d'un parent et les dispositions équivoques d'un allié, pour ne pas dire d'un ennemi, il avait écrit à l'Empereur, son beau-frère, afin de lui recommander sa famille, cette lettre la plus courte et la plus éloquente de toutes les lettres, où respire à la fois la résignation du chrétien, la tendresse du père et la fermeté du souverain :

« Sacrée Majesté, je serais parti d'Inspruck pour aller recevoir vos ordres; mais un plus grand maître m'appelle, et je pars pour lui aller rendre compte d'une vie que je vous ai consacrée. Je supplie très humblement votre Majesté de vous ressouvenir d'une femme qui lui touche d'assez près, d'enfans sans bien et de sujets dans l'oppression. »

L'Empereur n'avait point été sourd à ces vœux d'un mourant; ses ambassadeurs avaient appuyé dans les congrès les réclamations des envoyés de son neveu; sa sœur, mère de ce jeune prince, en avait appelé à la justice et à la générosité du grand Roi; la voix d'une mère l'avait touché; en signant la paix de Ryswick, Louis XIV s'était engagé à rendre au jeune Duc ses états que les troupes françaises occupaient encore, et depuis il lui avait promis la main de sa nièce, Élisabeth-Charlotte d'Orléans, qu'il devait épouser en remontant sur le trône de ses aïeux. Il était dit que la veuve de Charles V ne jouirait pas de ces beaux jours, mais elle en avait entrevu l'aurore; elle avait pu mourir tranquille et satisfaite, puisqu'elle rendait à son fils sa couronne, et qu'elle donnait à la Lorraine Léopold pour réparer ses malheurs.

Ce Prince était à Vienne; il ne perdit pas de tems, et, regardant autour de lui, il choisit pour conseillers le gouverneur et le précepteur qui avaient formé sa jeunesse, et les envoya devant lui prendre possession de ses états, pour ne pas subir l'humiliation de les recevoir des mains de ceux qui en avaient été les oppresseurs. Carlinford et Le Bègue remplirent noblement cette mission (1); les bons Lorrains versèrent des larmes de joie, en saluant de leurs acclamations les précurseurs du maître vers lequel s'étaient tournées toutes leurs espérances dans l'adversité.

Le premier soin des deux commissaires fut de rendre aux tribunaux, en l'améliorant, l'organisation qu'ils avaient avant l'invasion; ils appellèrent à siéger dans les cours de Justice les hommes qui se recommandaient le plus par leurs talens et par l'attachement qu'ils avaient conservé à la cause du Prince et du pays; leurs choix, dictés par la justice, ne s'attachèrent pas moins à la vertu qu'à la naissance; l'opinion publique les ratifia, et ce fut avec une approbation pleine de reconnaissance qu'on les vit donner, dans le parquet de cette cour souveraine à la tête de laquelle Léopold avait placé le négociateur de Ryswick, le baron Canon, la place de premier substitut à un simple avocat, Nicolas Le Febvre, qui n'y avait d'autres titres qu'un mérite éminent et un nom que ses ancêtres avaient porté avec honneur au barreau. Arrêtons-nous à cette figure que nous apercevons au premier rang, parmi les illustrations de la magistrature lorraine, et, fixant les traits principaux d'une si noble physionomie, essayons d'esquisser le portrait de ce personnage parlementaire.

Nicolas-Joseph Le Febvre naquit à Épinal, le 11 juillet 1663, d'autres disent 1664; après de solides études qu'il fit à l'université de Pont-à-Mousson, il fut reçu avocat; soit qu'une fière et nationale répugnance

(1) Carlinford avait le titre de Régent.

l'éloignât du bailliage que le roi de France avait institué en Lorraine pendant l'occupation, soit qu'il sentît en lui-même que son talent était fait pour briller sur un théâtre plus élevé, il alla s'établir au barreau du parlement de Metz. Il y était en 1698, et il y marchait l'égal des premiers jurisconsultes, lorsque les deux hommes, chargés de restaurer la Justice dans les états du Duc, inscrivirent son nom parmi ceux des magistrats de la Cour souveraine qu'ils venaient de faire sortir de ses ruines. A l'audience d'installation, qui se tint le 13 février 1698, Le Febvre porta la parole au nom du parquet; le magistrat chargé de lui répondre fut Charles de Serres: c'est ainsi que, dès cette époque, nous voyons poindre dans les fastes judiciaires un nom promis à l'histoire, et une gloire qui devait, de nos jours, jeter dans la personne d'un grand orateur, un si vif éclat.

Rentré dans ses états, Léopold confirma tout ce que ses deux envoyés avaient fait. Tout jeune qu'il était, il donna de rares exemples de sagesse, et, il faut le dire à sa louange, il dérouta toutes les conjectures qu'on avait pu former sur ses premières années; plein des généreux instincts de sa race et emporté par la bouillante ardeur qu'il tenait de son père, à dix-sept ans le fils de Charles V avait eu sa part d'une grande victoire (1); mais, en possession de son duché, le jeune Prince rassura toutes les craintes, ou plutôt trompa heureusement toutes les espérances qu'on avait conçues de ce premier succès; il avait fait augurer un guerrier et, monté sur le trône, il fut un souverain prudent, réservé, ami de la paix et plus appliqué à recouvrer, par les paisibles conquêtes

(1) Bataille de Témeswar.

de la diplomatie que par les périlleuses entreprises de la guerre, ce que la France retenait encore de ses états.

Il commença, en prenant les rênes de son gouvernement, par étudier les hommes à qui ses commissaires avaient confié l'administration de son duché. Il ne tarda pas à découvrir le mérite de Le Febvre, et à juger tout le parti qu'il pouvait tirer d'un magistrat aussi capable : sa valeur reconnue, il le mit en évidence et, à mesure que des services nouveaux sollicitaient de nouvelles récompenses, il élevait, étendait et agrandissait sa position; c'est ainsi qu'il le fit successivement, premier président de la chambre des requêtes, procureur-général de la chambre des comptes, et premier président de cette chambre. Il fit plus, il l'appela dans son conseil d'état et son conseil privé (1), et le choisit pour son envoyé auprès des cours où se suivaient les négociations les plus délicates et les plus importantes. Dès ce moment, Le Febvre devint le confident de tous ses projets, et l'on s'accoutuma à voir réunis dans la même personne l'homme d'état et l'ami du Duc.

Pour entourer le nom de son ministre de ce lustre, si indispensable dans la carrière diplomatique, et pour qu'en regard des négociateurs étrangers, il ne fût pas placé dans un état d'infériorité, qui aurait pu nuire au succès de ses missions, Léopold lui conféra des titres de noblesse, en le dispensant de la finance, ce qui attestait, sans doute, une noblesse ancienne ou une illustration personnelle; mais soit oubli, soit manque de tems, soit plutôt l'effet d'une simplicité modeste, Le Febvre négligea de faire enregistrer les lettres patentes qui lui avaient été accordées; elles tombèrent en péremption,

(1) On l'y voit déjà figurer en 1706.

et quand, deux ans après, il songea à les faire entériner, il fallut que le Prince les renouvelât.

La première négociation où l'on voie figurer le président Le Febvre, est celle qui s'ouvrit à Rome à l'occasion du code Léopold; mais, avant d'en parler et pour en suivre utilement toutes les phases, il devient nécessaire de rappeler, en quelques mots, les événemens qui lui donnèrent naissance et dont elle fut la conclusion.

Déchus de leur souveraineté temporelle et nommés par les rois de France, les évêques de Toul, qui comprenaient la plus grande partie de la Lorraine dans leur diocèse, voyaient avec envie l'indépendance de ses ducs; dans le cérémonial, ils prétendaient traiter avec eux de prince à prince, et, dans le réglement de ces affaires mixtes, que se disputaient réciproquement la juridiction séculière et la juridiction ecclésiastique, sans jamais s'accorder, ils méconnaissaient l'autorité des actes émanés de la première, et ne voulaient suivre que les usages de la cour de Rome. Leur conduite était d'accord avec leurs prétentions. Un curé s'était rendu coupable de faits qui étaient également punis par les lois civiles et les lois ecclésiastiques; l'évêque de Toul, sans demander de *Pareatis* aux officiers du Duc, avait fait arrêter ce prêtre par ses appariteurs, et avait ordonné son dépôt dans les prisons de sa ville épiscopale. La cour souveraine s'en émut et déclara nul cet emprisonnement. Au lieu de la trancher, cet arrêt augmenta la difficulté: l'official de Toul fait successivement assigner devant lui deux autres curés, partie en matière profane et partie en correction de mœurs: arrêt de la cour souveraine qui leur interdit d'obtempérer à cette assignation; ils ne se présentent donc point au tribunal de l'Official, et celui-ci, se fondant sur la bulle *In cœnâ Domini*, les déclare suspens et interdits; la Cour ne demeure pas en reste de vigueur, casse les procédures et fait, sous des peines sévères, défense de les continuer. Les choses ne furent pas poussées plus loin pour le moment.

La situation, déjà si difficile d'elle-même, vint bientôt se compliquer d'un autre embarras. M. de l'Aigle, vicaire-général, homme d'une grande énergie et d'un savoir profond, avait, en 1700, publié un nouveau Rituel pour le diocèse de Toul; il en avait demandé l'enregistrement à la Cour souveraine; parmi les règles de conduite qu'il y trace aux prêtres de ce diocèse, le Procureur-général en crut remarquer plusieurs qui étaient attentatoires aux droits de l'autorité temporelle; les unes étaient relatives aux cas réservés au Pape, les autres aux monitoires et aux oppositions aux mariages; il les dénonce à la Cour souveraine, en même tems que deux articles d'une instruction de l'Official sur les légalisations et sur le privilége des ecclésiastiques : cette Cour n'autorise la publication du Rituel qu'à l'exception des articles signalés par le Procureur-général : de son côté, le Vicaire-général répond à cet arrêt par une ordonnance qui prescrit l'exécution de ce Rituel dans toute l'étendue de ses dispositions.

Ce n'était pas assez de ces difficultés qui jaillissaient en foule du conflit des juridictions; l'étiquette, exigente et frivole, ne tarda pas à y mêler les siennes, pour éloigner l'époque si désirée d'une conciliation.

Les évêques de Toul avaient, ainsi qu'on l'a vu, la prétention d'être reçus, à la cour des ducs de Lorraine, sur le pied des princes du sang, et d'y avoir, comme eux, le fauteuil. M. de Bissy occupait alors le siége épiscopal : c'était un prélat non moins éminent par sa science que par sa modestie : si l'on peut lui reprocher d'avoir été trop remuant, on doit dire qu'il fut, dans toutes ses entreprises, bien moins jaloux de s'agrandir personnellement que de conserver intact ce qu'il regardait comme les prérogatives de l'Église. Soit donc qu'il crût ne pouvoir se dispenser de faire sa cour à Léopold, à son arrivée dans ses états, soit qu'espérant imposer facilement à un prince adolescent, il pensât que l'occasion était favorable pour faire triompher ses prétentions sur le cérémonial, il vint à Nancy, et se rendit en pompe au palais du Duc pour lui présenter ses hommages; ce Prince le reçut avec politesse, mais avec dignité, et au lieu du fauteuil sur lequel comptait le prélat, il lui fit offrir un pliant. L'Évêque resta debout pendant toute la durée de la réception, et s'en retourna dans sa ville épiscopale, blessé dans ce que l'homme porte en lui-même de plus irritable, l'amour-propre, qui n'exclut pas toujours la modestie et la fierté, avec laquelle elle peut souvent s'accorder. Bientôt nous verrons que les ressentimens qui procèdent des causes les plus légères ne sont pas les moins implacables.

Telle est la politique des conquérans : ils ménagent les conquêtes qu'ils ont l'espoir de garder, mais ils ne craignent pas d'épuiser, pour affaiblir un ennemi, celles qu'ils peuvent se voir obligés de lui rendre. La longue occupation de la Lorraine par la France avait été, pour ce malheureux pays, pire que la conquête; elle avait détruit l'agriculture et presque anéanti la population; la désorganisation des services, le changement des juridictions en avaient achevé la ruine, en modifiant la procédure et en troublant, au risque de l'interrompre, le cours de la Justice. Le peu de maximes de l'Église gallicane qu'elle avait déposées dans son droit public, loin d'augmenter l'indépendance du pouvoir séculier à l'égard du clergé, l'avait compromise, en faisant naître une nouvelle occasion de la discuter.

Léopold, pour réparer tant de maux, s'appliqua sans relâche à rétablir l'ordre dans l'administration; il crut que le moyen le plus sûr de cicatriser les blessures que son peuple avait reçues, était de rendre à la Justice son ancien et libre cours, et de rappeler à l'exécution des lois, en traçant de nouveau aux magistrats chargés de leur maintien, une marche depuis long-tems oubliée.

En 1701, il publia donc un code de procédure; malheureusement il y traita quelques-unes de ces matières sur lesquelles l'autorité ecclésiastique avait élevé des prétentions, qui avaient si vivement ému le pouvoir séculier; il avait voulu opposer ce code comme une barrière infranchissable aux envahissemens qu'il redoutait de la part des évêques; ce que n'avaient pu les arrêts, les lois furent impuissantes à le produire: M. de Bissy dénonça secrètement le code Léopold à la cour de Rome; le pape Clément XI le fit examiner par la congrégation du Saint-Office, et, le 22 septembre 1703, dans un bref qui fut affiché à toutes les portes de la capitale du monde chrétien, il fulmina une censure contre l'œuvre législative du duc de Lorraine. L'affaire avait été tenue secrète, et, avant que le Prince en eût aperçu l'éclair, la foudre avait frappé ses ordonnances. Il ne se laissa pas abattre par un coup aussi inattendu ; il reconnut la main qui l'avait dirigé, et, en même tems qu'il adressait au Pape, pour s'en plaindre, une lettre qui est un modèle de dignité, de vigueur et de raison, et qui témoigne tout à la fois de son respect filial pour le Saint-Père, et de la douleur qu'il éprouve d'un procédé aussi inoui, son Procureur-général appelait de ce bref du Pape mal informé au Pape mieux informé, et formulait, à l'appui de son appel, cet acte où une logique qui s'appuie sur l'érudition, une fermeté qui puise sa force dans le sentiment du bon droit, un courage qui, malgré la mesure qu'il observe, ressemble à de l'audace, s'élèvent en plus d'un endroit jusqu'à la véritable éloquence.

Le Duc négocia par correspondance; la France, qui aurait dû intervenir pour l'honneur des maximes de son Église adoptées en partie par Léopold, se tint à l'écart, encourageant de sa faveur M. de Bissy, qu'elle donnait pour successeur, sur le siége de Meaux, à l'illustre Bossuet qui venait de descendre dans la tombe, et, mettant tous ses soins à entretenir, entre l'évêque de Toul et le duc de Lorraine, une mésintelligence dont elle espérait, un jour, faire son profit. Cependant l'affaire traînait en longueur; Léopold prit le parti d'envoyer des ambassadeurs à Rome, et chargea le marquis de Lenoncourt, l'abbé de Nay et le procureur-général Bourcier d'aller y défendre son code auprès du Pape. Il craignit bientôt pour la sûreté du courageux magistrat, il ne le laissa pas dépasser Milan, et choisit Le Febvre pour le remplacer. Les deux premiers ambassadeurs n'étaient là que pour la représentation : c'était sur le dernier que le Duc comptait pour le succès de la mission. Il ne fut pas trompé dans son attente; Le Febvre déploya dans cette négociation une intelligence et une habileté qui lui concilièrent toute la confiance de son souverain. Il ne se laissa pas égarer dans les détours de la chancellerie romaine, ni décourager par les lenteurs calculées de la politique ultramontaine. Cette politique, en effet, a, pour arriver à son but, des voies qui ne sont connues que d'elle seule; au milieu d'adversaires qui s'agitent en vain autour d'elle, sans épuiser ses forces, elle les fatigue par son immobilité; tantôt elle les engage par des concessions apparentes pour en provoquer de réelles, tantôt, après s'être avancée dans des propositions, elle se replie dans des réserves, et, alors même qu'elle doit renoncer au triomphe, elle aspire encore néanmoins à ce succès, qu'elle obtient presque toujours, de ne rien perdre en ne laissant rien gagner aux autres. Le Febvre pénétra la pensée de cette politique, et, tout en se tenant en garde contre ses surprises, il se dirigea constamment par un sincère esprit de conciliation et par un vif désir de maintenir intactes la dignité de son maître et son indépendance à l'égard du pouvoir ecclésiastique. Il ne ménagea ni les notes ni les conférences : après plusieurs années de patience et d'efforts, il recueillit enfin les fruits de sa sagesse et de son dévouement : l'affaire se termina, comme alors la plupart se terminaient à Rome, dont la maxime était de retourner plutôt sur ses pas que de rien compromettre en avançant, et d'embrasser un moyen terme plutôt que de se donner l'apparence d'un tort, en revenant ouvertement sur une décision; le Pape renonça à la publication de son bref de censure dans les états du duc de Lorraine; ce Prince révoqua son code et lui substitua de nouvelles ordonnances où l'on s'en référait, pour les matières qui faisaient l'objet du conflit, à la législation antérieure et aux usages reçus, et tandis que, d'un côté, l'Évêque conservait ses prétentions et le Duc l'indépendance de sa couronne, de l'autre, la cour souveraine maintint son arrêt, l'Official son rituel, et le Procureur-Général se vengea de ses rancunes par une satyre (1).

Cette négociation, où le seul succès qu'il fût permis de rechercher était d'en amener une conclusion qui sauvât l'honneur du prince, avait fait ressortir deux hommes éminens qui, doués tous deux d'un grand mérite et différant par les talens, se ressemblaient néanmoins par les vertus.

Esprit plein de vigueur et de souplesse, de patience et d'entraînement, Bourcier avait une intelligence qui s'appliquait à tout, et, pour la servir, la passion du travail et une activité infatigable : dans le cabinet, c'était un jurisconsulte consommé, qui possédait à fond toute la science du droit et toutes celles qui peuvent de près ou de loin s'y rattacher; à l'audience, c'était un orateur puissant, qui trouvait dans son immense savoir et dans l'inépuisable fécondité de son élocution, tout ce qu'il faut pour exercer l'empire de la parole. Aux qualités essentielles de l'orateur, à la clarté de la méthode, à la correction du style, à l'éclat, à la vivacité de l'imagination qui enrichit de ses couleurs les conceptions de la pensée, qui fait revivre tout ce qu'elle veut peindre, et entraîne un auditoire par les mouvemens irrésistibles dont elle anime le discours, il joignait ces qualités accessoires de l'organe, du geste et

(1) *Le Catholicon de Toul*, satyre en vers très piquante, où l'on remarque beaucoup de verve, mais qui manque souvent de correction et de goût.

de la déclamation sans lesquelles le talent n'est souvent qu'un germe stérile; elles communiquaient au sien une puissance qui tenait de la magie; elles le popularisaient, en étendant son action, et le complétaient, en lui donnant son relief. Tel était le don merveilleux de l'éloquence que Bourcier avait reçu du ciel, que les contemporains, pour les distinguer, dans un barreau, où les propres membres de sa famille étaient devenus les rivaux de sa gloire, l'avaient surnommé Bouche d'or.

Esprit froid et réfléchi, doué d'une sagacité et d'une finesse qui s'alliaient parfaitement avec la rectitude et la maturité du jugement, Le Febvre étudiait pour savoir, non pour écrire; la parole pour lui n'était qu'un instrument : en s'en servant il ne s'arrêtait pas à le polir; à ses yeux la manière la plus nette et la plus précise de dire les choses était la meilleure; il n'étendait sa pensée qu'autant qu'il le fallait pour la rendre plus claire; les développemens oratoires étaient un art qu'il ignorait et, s'il les avait trouvés sur son chemin, il aurait fui les ornemens du discours comme un luxe qui aurait trahi la logique, en énervant le raisonnement. Dans toute question il ne voyait que les faits, les raisons et les autorités, et il serait arrivé d'un plein saut aux conclusions, si un esprit aussi rigoureux et aussi délié que le sien ne lui avait révélé sur-le-champ, toutes les objections qui allaient embarrasser sa marche, et n'avait fait, en quelque sorte, un procédé de sa méthode, de les résoudre avant de la continuer. D'ailleurs les habitudes de la diplomatie, qui font que l'esprit doit souvent tendre à son but, sinon en prenant une voie détournée pour y parvenir, du moins en étudiant le terrain pour ne pas se heurter contre les écueils avant de l'atteindre, avaient dû nécessairement exercer leur influence sur son talent et modifier son allure. Sa manière est donc simple et naturelle, elle tient sa force de son exactitude, et sa puissance de la raison.

Les contrastes dans ces deux hommes venaient de l'esprit, mais l'harmonie venait surtout du cœur; chez tous deux on rencontrait même simplicité de vie, même austérité de mœurs, même pureté de sentimens religieux (1), même dignité de caractère, même amour de la patrie, même dévouement à ses devoirs, même fidélité envers le souverain; enfin, à côté d'un mérite supérieur et de services éminens, on trouvait, pour en rehausser l'éclat et en augmenter le prix, ce désintéressement et cette modestie antique, qui portaient, l'un à refuser le titre d'ambassadeur pour mieux servir son maître, l'autre la dignité de premier président, parce qu'il croyait que l'âge l'avait rendu insuffisant à la porter.

Léopold, en se les attachant, les avait dignement appréciés; tous deux siégeaient dans ses conseils, où le calme de Le Febvre contenait l'ardeur et la fougue de Bourcier; mais l'un, il lui permit de s'asseoir de bonne heure et il en fit l'âme des négociations qui remplirent son règne; l'autre, il le laissa debout pour

(1) Malgré la vivacité de l'acte d'appel de Bourcier, on ne peut douter de la sincérité de la foi de ce grand magistrat : comme l'illustre Dumoulin, il alliait le respect de la religion avec le sentiment de l'indépendance du pouvoir temporel. Mais chez lui les pratiques religieuses avaient reçu l'empreinte des goûts et des habitudes, et portant l'érudition jusque dans la piété, il avait choisi, pour dire son office quotidien, un livre écrit dans la langue grecque, qui lui était familière.

parler à sa Cour souveraine, et il ne l'employa que dans ces rares ambassades, où sa science profonde en droit public était un indispensable élément de succès.

C'est ainsi que Léopold prenait dans la magistrature deux hommes d'état, pour leur confier la mission si honorable de défendre ses intérêts auprès des Cours étrangères, et que le prétoire devenait l'école de la politique; de nos jours, c'est dans le parlement que la couronne va chercher ses ministres, et c'est à la tribune que se fait l'apprentissage des affaires; de là, sans doute, on les voit de plus haut et sur une plus grande surface, mais le regard du magistrat, que rien ne distrayait des méditations du sanctuaire, devait peut-être pénétrer plus avant dans les choses et en rapporter une connaissance plus intime, puisqu'il s'y était fixé plus long-tems.

La négociation du code que Le Febvre avait conduite avec tant d'habileté, en révélant son talent, en avait donné la mesure, et en même tems que, d'un côté, elle avait augmenté la confiance du duc de Lorraine, de l'autre, elle avait attiré l'estime du Souverain Pontife. Le crédit dont son ministre jouissait à la cour de Rome fut donc, pour Léopold, un nouveau motif de le charger d'une négociation, qui devait vivement l'intéresser, puisqu'elle se rattachait à la position de ses deux frères, les princes Charles et François, et de sa fille aînée, la princesse Charlotte qui, à peine âgée de cinq ans, venait d'être élue abbesse du chapitre de Remiremont. Il en était alors des cadets et des filles des maisons souveraines, sauf l'éclat et la hauteur du rang, comme des cadets de la noblesse, l'aîné des fils, en vertu de sa primogéniture, héritait des titres et de la fortune; la mitre ou l'épée devenait la vocation nécessaire des puinés, et leur famille ne pouvant leur donner que des recommandations, l'armée leur ouvrait ses rangs, pour les couvrir de ses dignités militaires, et l'Église ses portes, pour les doter de ses bénéfices. Quant aux filles, elles avaient une chance de moins, et celles qui n'avaient pu, par un mariage, s'allier à une maison souveraine, demandaient aussi à l'Église de les adopter, et recevaient de ses mains, comme leurs frères, une dot qu'elle semblait exclusivement leur réserver.

Léopold avait jeté les yeux, pour les princes Charles et François, sur les plus riches bénéfices de l'Allemagne, sur les évêchés d'Olmutz, d'Osnabruck, de Munster et de Trêves : les chapitres de ces villes avaient, dans le droit d'élection de leurs évêques, une puissance qui faisait rechercher leurs bonnes graces, même par les souverains; toutefois elle s'arrêtait au choix du prélat, et celle du Pape, qui seul lui permettait, par les brefs d'éligibilité ou de confirmation qu'il distribuait à ceux qui voulaient se faire élire ou qui avaient été élus, de s'exercer utilement, devenait pour elle un contre-poids qui modérait son action, quand elle ne l'interceptait pas. On comprend alors qu'une élection devenait un problême d'une solution extrêmement difficile, car ses données, quoiqu'elles eussent une commune origine, ne se rapprochaient le plus souvent que pour se combattre. Pour l'obtenir on s'agitait près des chapitres pendant l'élection, et après l'on revenait au point d'où l'on était parti, et, pour faire confirmer cette élection, on sollicitait à Rome, où l'on avait sollicité d'abord pour la faire permettre.

Le Febvre fut donc chargé d'y préparer l'éligibilité des princes lorrains aux grands bénéfices de l'Allemagne, et de ménager leur élection auprès des chapitres en qui reposait le pouvoir électif : ces négociations présentaient d'autant plus de difficulté que la fermeté de Léopold dans l'affaire du code, avait d'abord indisposé contre lui Clément XI, et qu'il fallait les mener de front, sans cependant les laisser se croiser, de peur qu'une complication réciproque n'embarrassât leur marche et ne les empêchât d'atteindre leur conclusion. Le Ministre du duc de Lorraine y déploya une prudence et une habileté infinies; il sut se ménager des intelligences parmi les cardinaux et jusque dans la famille du Saint-Père; il s'empara des moindres ouvertures pour arriver jusqu'à lui et s'assurer de sa faveur; enfin le succès couronna ses efforts, et si, dans cette partie qui se jouait à la fois en Allemagne et à Rome, il ne gagna pas tous les bénéfices qu'il avait, pour ainsi dire, mis en échec, il ne revint pas de ses diverses ambassades que l'élection de la princesse Charlotte ne fût solennellement confirmée par des bulles, et que les frères du Duc ne fussent pourvus des principaux de ces bénéfices. Ces dernières négociations avaient entièrement rétabli l'harmonie entre le duc de Lorraine et la cour de Rome; pour mettre le sceau à cette réconciliation, le Pape avait consenti à tenir sur les fonts de baptême le prince Clément, fils de Léopold, et avant que le négociateur, chargé d'en reporter la nouvelle à son maître, ne prît son audience de congé, il lui avait fait cadeau d'un tableau de prix, qui était plus encore un gage de son estime que de sa munificence.

Parmi les divers sujets de conflit que le voisinage

de la France et l'occupation de la Lorraine avaient fait naître entre ces deux états, il faut placer les variations fréquentes de leurs systèmes monétaires : la monnaie de Lorraine avait toujours été renommée pour la richesse et la pureté de son titre; aussi, lorsque la France avait occupé cet état, n'avait-elle eu d'autre prétention que d'y donner cours à la sienne, sur le pied d'une parfaite égalité ; les choses avaient continué sur ce pied après l'évacuation, mais peu à peu elles changèrent et elles vinrent au point que des édits, pour retenir en France les monnaies qui y étaient frappées et empêcher celles de Lorraine de s'y introduire, proscrivirent dans le royaume le cours de celles-ci, sous des peines extrêmement sévères; et comme dans une semblable situation, c'est toujours sur le plus faible que pèse la proscription, il arrivait qu'au mépris des défenses du Duc, un billonage clandestin achetait dans ses états la monnaie d'or et d'argent à un prix bien supérieur à sa valeur nominale, et que le numéraire semblait y devenir plus rare à mesure qu'on en produisait davantage. L'interdiction qui le frappait d'immobilité aux frontières de chaque état, lorsque la circulation l'y avait fait parvenir, avait anéanti les transactions entre les deux peuples, et le commerce, subitement interrompu dans ses voies ordinaires, avait pris, en Lorraine, son écoulement vers l'Allemagne. La sévérité des lois avait atteint les limites de l'oppression ; la Lorraine était, sur plus d'un point, le grenier des sujets du roi de France, les édits de ce Souverain le leur avaient fermé : en effet, un cultivateur lorrain conduisait-il une voiture de blé sur un marché de France, on lui laissait vendre sa denrée, mais on l'attendait aux portes de la ville, et on lui en confisquait le prix; un Français venait-il s'approvisionner en Lorraine? un Lorrain allait-il acheter une pièce de drap en France? une douane impitoyable les épiait aux confins de leur patrie, et, en vertu de la loi de réciprocité, les dépouillait de leur numéraire et les renvoyait chez eux ruinés. Le Roi avait mis, par la rigueur de ses procédés, l'arme despotique de la confiscation aux mains de Léopold, mais ce Prince gémissait d'être obligé de s'en servir; il envoya donc à Paris le Président Le Febvre négocier auprès du Régent, un traité sur le cours des espèces en France et en Lorraine; les bases qu'il proposait s'appuyaient sur une rigoureuse équité; c'étaient l'identité du titre et la réciprocité du cours. Cette négociation, malgré son urgence, traîna en longueur et alla se perdre dans la négociation plus importante de l'exécution du traité de Ryswick et de l'indemnité du Montferrat.

Maître de l'Alsace, Louis XIV avait senti que sa nouvelle conquête ne serait affermie dans ses mains qu'autant qu'une ligne de places fortes, réparties sur la Meuse, la Moselle, la Sarre et le Rhin, le mettrait en position de la défendre contre une agression de l'Empire; au mépris du traité de Ryswick, qui lui faisait une loi de restituer tous les postes de la Lorraine qu'il avait occupés, il avait conservé ceux qui tenaient à son système de défense, et il l'avait complété en élevant sur les terres du duc les forteresses de Longwy et de Sarrelouis. En possession de cette ligne de places qui se rattachait à la Champagne, et partait de Stenay pour aboutir, par Charleville, Bitche et Phalsbourg, à Strasbourg, la France, en tems de paix, ressemblait, suivant l'expression de Léopold, à une main qui, ouverte, n'avait qu'à se fermer pour se rendre maîtresse de la Lorraine, en comprimant tous ses mouvemens, et fermée, n'avait besoin que de s'ouvrir pour s'emparer de la Lorraine, en la couvrant de troupes (1).

Cette position était une menace, et la France, préparée de longue main à la réaliser, n'attendait qu'un mouvement de l'Europe pour se jeter de nouveau sur sa proie, afin de la dépouiller. Léopold n'avait donc pas d'intérêt plus pressant que d'éloigner ce danger.

Le duc de Mantoue était mort, son plus proche héritier était le duc de Lorraine; le roi de France et l'Empereur, quoiqu'ils lui fussent attachés par les liens du sang ou par des alliances, ne lui donnèrent pas le tems de recueillir cette importante succession; ils s'emparèrent des états de Ferdinand de Gonzague, éparpillés en France et en Italie, et en disposèrent chacun suivant son avantage; l'Empire avait donné le Montferrat à la Savoie, à qui il devait un dédommagement; quant à la France, elle avait fait main basse sur Arches et Charleville, qui étaient trop à sa convenance pour qu'elle consentît jamais à s'en dessaisir. Léopold s'était plaint; il avait vivement réclamé, on avait parlé d'indemnité, il avait pris cette promesse au sérieux, et il avait envoyé à Paris les barons Barois et de Mahuet se joindre au Président Le Febvre, pour négocier une restitution ou une indemnité. Il comptait profiter de la conjoncture pour affranchir le Barrois de sa mouvance: cette mouvance était une chaîne qui tenait d'un bout, au pied du duc de Lorraine, et de l'autre, aux mains du roi de France, et qui empêchait le premier de se tourner d'aucun côté pour attaquer ou se défendre :

(1) Mémoire du 10 avril 1709, servant d'instruction au Président Le Febvre.

elle faisait que, dans toutes les circonstances, où les intérêts du Duc étaient aux prises avec ceux de ses sujets du Barrois, la résistance de ceux-ci était toujours sûre de triompher des justes exigences du souverain, au moyen de l'appel de la justice qui se rendait au nom du vassal à celle qui se rendait au nom de Suzerain : aussi le procureur-général Bourcier disait-il, dans un moment de dépit : Que les habitans du Barrois étaient toujours du parti qui ne paie pas et jamais de celui qui paie.

Léopold avait donc à cœur d'affranchir la partie du Barrois qui était encore enchaînée dans les liens de la mouvance; et, sentant qu'il ne rentrerait jamais dans la possession de toutes les places que la France lui avait ravies, il aurait consenti à en perdre quelques-unes pour consolider sa souveraineté sur le duché de Bar, en rachetant sa liberté. Il était si pressé d'en finir, qu'il écrivait à Le Febvre de trancher au plus vite la difficulté, dût-il y couper avec la hache. Il ne le cédait à son envoyé ni en sagesse, ni en prévoyance, mais celui-ci avait plus de patience, et les lenteurs nécessaires de la diplomatie lui avaient fait contracter l'habitude d'envisager les choses plus froidement, pour les juger avec plus de maturité. Dans la négociation de Rome, il avait opposé une fermeté respectueuse à l'empressement trop facile de son maître; ici il tempérait sa noble susceptibilité par ses conseils, et il lui apprenait à se mettre en garde contre son dépit; il l'amena à subir, avec résignation, une mouvance qui ne valait pas la peine d'être achetée, si elle ne comportait aucun danger réel, ou à laquelle la France ne renoncerait jamais, si elle pouvait affaiblir son vassal. Le

Duc comprit que, pour les petits états, il faut peut-être s'appliquer à s'étendre par l'assimilation intime de toutes ses parties, avant de songer à s'affranchir, et que lorsqu'on est fort on est bien près d'être dépendant; aussi, dès ce moment, les négociations n'eurent plus d'autre but que l'indemnité du Montferrat et la restitution des places fortes : la France conserva celles de la Meuse, ainsi que Phalsbourg et les forteresses de Longwy et de Sarrelouis; mais la Lorraine rentra dans la possession de Bitche, et elle reçut en indemnité Rambervillers et ses dépendances, qui formaient, au cœur même des états du Duc, une enclave d'autant plus dangereuse, qu'elle était entre les mains d'un puissant et ambitieux suzerain.

La paix était signée avec la France (1), il restait à la conclure avec l'Empire par un nouvel arrangement. Léopold jeta encore, dans cette circonstance, les yeux sur le Président Le Febvre; confident de toutes ses vues, dépositaire de tous ses secrets, cet homme d'état convenait mieux qu'aucun autre pour entreprendre une négociation, dont il possédait à l'avance tous les détails, puisque une partie des questions qui devaient s'y traiter avaient été agitées dans les négociations avec la France. D'ailleurs, quelques années auparavant, Léopold l'avait envoyé secrètement à Vienne avec son frère, évêque d'Olmutz, ébaucher cette négociation à laquelle il pourrait travailler en toute sûreté, maintenant qu'il n'avait plus rien à craindre de la France, et que l'indemnité obtenue de ce côté était un acheminement à celle qu'on réclamait de l'autre.

Mais ici la grandeur de la mission dépassait la hau-

(1) Traité du 21 janvier 1718.

teur de son but avoué; car Léopold comptait bien conduire de front l'indemnité du Montferrat, l'accession de la Lorraine aux grands traités européens et le mariage du prince héréditaire avec l'archiduchesse Marie-Thérèse, et, en ouvrant cette négociation, il pensait bien moins peut-être à agrandir ses états qu'à raprocher ses héritiers de l'Empire.

C'est surtout dans cette entreprise que se manifestent la sagesse de ses vues, la profondeur et l'habileté de sa politique. Il avait compris qu'un petit état situé entre deux vastes empires ne peut se maintenir éternellement dans une intégrité parfaite; leur rivalité ne fait pas toujours son indépendance; trop faible pour être redoutable, trop resserré pour n'être pas facilement étreint, trop près d'eux pour ne pas tenter leur ambition, il est, dans cette situation intermédiaire, comme une proie qu'ils n'attendent que le moment de se disputer, ou comme un obstacle qu'à la première occasion, ils briseront dans leur choc, afin de se rapprocher; la neutralité qu'ils lui promettent et qu'ils lui imposent est bien moins le gage de sa sécurité que la preuve de son impuissance; ils ne lui interdisent de se mettre sur la défensive que pour avoir un champ de bataille où, affranchis des inquiétudes du dehors, ils seront libres de vider à loisir leurs querelles, et ils ne lui permettent de prendre les armes que pour aller garder leurs frontières, comme les abords d'un champ clos, où s'agitent d'autres destins que ceux du vassal qu'ils relèguent ainsi au rang des spectateurs.

Léopold avait toujours été en possession de la neutralité : c'était son œuvre et sa gloire; elle avait rempli son règne et, malgré les atteintes que la France y avait portées, ce Prince n'avait cessé de faire jouir la Lorraine des bienfaits dont cet état est la source ; mais c'était une paix essentiellement précaire, que sa sagesse et ses liens de famille avec ses deux redoutables voisins avaient assurée à son peuple, et il ne pouvait répondre, pour la maintenir, des chances de l'avenir et des dispositions de ses successeurs : ses vues s'étaient donc portées plus haut, et il avait songé à substituer l'indépendance à la neutralité : il avait senti qu'il fallait reculer la France dans ses anciennes limites et la rejeter, par des traités, de l'autre côté de la Meuse, pour l'empêcher de s'établir sur le Rhin, et il n'y avait pas réussi ; ou ménager à sa postérité, si la fortune lui devenait contraire, une retraite dans l'Empire, en abaissant devant elle les marches du trône impérial : dès lors il devait tenter tous les efforts pour en ouvrir l'accès à son fils, et l'asseoir sur ce trône à côté d'une archiduchesse, si elle venait, un jour, à y monter. Quelque importante qu'elle fût, l'indemnité du Montferrat s'effaçait devant l'intérêt d'une si grande alliance : elle servit de passeport aux ambassadeurs et de texte apparent aux négociations; mais, dans le secret des conférences, on tint cette question dans l'ombre, pour laisser ressortir celle qui devait absorber toute l'attention des négociateurs.

Plein de ces grands projets, Le Febvre partit pour Vienne, accompagnant le comte des Armoises, qui était chargé de représenter son maître par l'ancienneté de son nom et l'éclat de sa suite, et tenant cachés dans sa main tous les fils que ferait mouvoir le négociateur en titre, le chef reconnu de l'ambassade, en s'inspirant de ses conseils. Cette négociation, du reste, trouvait, dans les liens de famille, un auxiliaire qui devait en hâter la conclusion. L'Empereur régnant était un des plus proches parens du duc de Lorraine, et tous deux avaient été élevés sous les yeux de l'empereur Léopold, qui était le père de l'un et l'oncle de l'autre: l'habitude et l'éducation avaient fait naître entre eux une amitié dont les liens n'étaient pas moins solides que ceux de la parenté, et Charles VI, en voyant la sagesse du gouvernement de Léopold, avait bientôt senti, dans son cœur, l'estime se joindre à l'affection. Le Febvre mit à profit toutes ces dispositions, et le parti qu'il sut en tirer fait d'autant plus d'honneur à son habileté, que le caractère réservé du souverain avec lequel il avait à traiter lui commandait plus d'art et de ménagemens. Il fit comprendre à ce prince que refuser à la Lorraine une indemnité, c'était l'affaiblir, et que l'affaiblir, c'était la mettre à la discrétion de la France, pour qui la Lorraine était tout à la fois un obstacle, qui l'empêchait de se relier à l'Alsace qu'elle venait de conquérir, et un rempart, qui protégeait l'Allemagne contre ses envahissemens: une fois sur le Rhin, cette puissance ambitieuse dominerait tous les petits états, et séparerait à jamais la maison d'Autriche de ses provinces belges; elle intercepterait même leurs communications par cette voie du Rhin qu'elle leur interdirait, du moment qu'elle se serait assise sur les bords de la Sarre, et qu'elle aurait posé ses sentinelles sur le versant des Vosges. Ces considérations devaient donc déterminer l'Autriche à accorder à la Lorraine une indemnité, qui augmenterait au moins ses ressources, si elle ne reculait ses frontières.

La question de l'alliance de famille n'offrit pas moins

de ressources à l'esprit ingénieux du diplomate. Un mariage ne pourrait que resserrer les liens de parenté qui unissaient déjà la maison de Lorraine à celle d'Autriche ; si l'Empereur ne voulait pas voir la Lorraine, poussée par le seul ascendant de la nécessité, entrer dans la politique de la France, elle devait songer à l'associer à la sienne par une de ces alliances, qui sont si étroites qu'elles confondent les intérêts et qu'en unissant les souverains, elles ne permettent pas aux peuples de se séparer; si la neutralité de la Lorraine importait si fort à l'Autriche, sa sympathie, son amitié ne lui serait-elle pas encore bien plus avantageuse? L'alliance d'une maison puissante doit incliner où sont ses plus grands intérêts et ses plus grands dangers; n'était-ce pas de la France que lui venaient ses dangers? n'était-ce pas à se fortifier contre elle, en détachant de son parti un voisin neutre, qui pouvait devenir son allié et son auxiliaire, qu'elle devait placer ses plus chers intérêts? Marier une archiduchesse à l'héritier présomptif de la Lorraine, qui pouvait par là le devenir de l'Empire, c'était placer les forces des deux états dans la même main, en plaçant leurs couronnes sur la même tête: c'était d'ailleurs rapprocher deux maisons que tant d'alliances avaient unies dans le cours des siècles, c'était même enter, pour les faire refleurir dans un seul, leurs rejetons sur le tronc antique qui avait été leur souche commune. Enfonçant ainsi ses racines dans le passé, l'arbre majestueux qui en sortirait étendrait son ombre protectrice sur des états qu'en dépit de leur éloignement, il couvrirait tous à la fois de ses rameaux.

Ces considérations avaient aussi leur force : Le Febvre

saisissait toutes les occasions de les présenter sous le jour qui devait leur être le plus favorable : il appelait pour les faire valoir, l'histoire au secours de la raison d'état, et, dans sa bouche, la diplomatie empruntait, pour convaincre, des armes à l'érudition. Des savans Lorrains avaient étudié les chartes et les diplômes, ils avaient sondé les profondeurs du moyen-âge, ils avaient interrogé les annales de la Lorraine et de l'Empire et, en remontant dans les tems anciens, ils étaient arrivés à cette antique et glorieuse maison d'Alsace dans laquelle celles de Lorraine et d'Autriche trouvaient leur commun berceau. Le Febvre mit sous les yeux de l'Empereur les livres que ces savans avaient écrits sur cette matière : enfin, avec le tems, ses efforts furent couronnés de succès. Charles VI, en qui le cœur était d'accord avec la raison, se rendit; il donna au duc de Lorraine, pour l'indemniser, la principauté de Teschen en Silésie et la proprieté du comté de Falkenstein ; il consentit à son accession au traité de la quadruple alliance et promit la main de sa fille Marie Thérèse au prince Léopold Clément.

Mais la mort faillit un instant déconcerter la sage prévoyance de Léopold et lui dérober le fruit de cette longue négociation, au moment où il venait de la conclure; elle enleva en quelques jours le jeune Prince dont l'avenir en avait fait le principal objet, et dont la précoce intelligence promettait ainsi à la Lorraine un si digne successeur de son père. Ce coup jeta la désolation dans l'âme du Duc, mais ne le découragea pas; la négociation fut reprise, et comme le Prince, qui venait de mourir, était trop jeune pour qu'il eût été personnellement d'un poids décisif dans la question, les termes de cette question restant les mêmes, le dévouement et l'habileté de Le Febvre ne tardèrent pas à lui donner la même solution. L'Archiduchesse, promise à Clément, le fut à François, et cette promesse apporta en dot au jeune Prince de hautes espérances capables de l'éblouir, mais que la Lorraine ne put envisager, sans en concevoir les plus tristes pressentimens.

Tranquille désormais sur l'avenir de sa race, Léopold n'avait plus qu'à continuer le cours de ses glorieuses et paisibles destinées, en poursuivant celui des réformes et des améliorations qu'il introduisait successivement dans le gouvernement de ses états; les longs règnes, accompagnés d'une paix profonde et d'une grande prospérité, sont rares dans l'histoire; pour en renouveler l'exemple, il ne manquait plus au sien que la durée, mais elle lui fut refusée; Léopold mourut presque subitement à Lunéville, le 27 mars 1729, laissant aux bienfaits qu'il avait répandus sur la Lorraine, pendant les trente années qui venaient de s'écouler, le soin d'assurer à sa mémoire d'éternelles bénédictions. Elle fut bénie sans doute, elle le fut surtout par cette classe de la société, nombreuse et amie du travail, qui ne demande rien au pouvoir que de protéger, par des lois sages et une administration équitable, le bonheur qu'elle se fait elle-même; mais, au milieu de ces bénédictions, il s'éleva quelques murmures, échappés peut-être au sentiment de l'embarras apparent dans lequel la générosité et la magnificence de Léopold avaient jeté les finances de l'état: critiques injustes, plaintes inconsidérées, destinées plutôt à flatter le Prince régnant, en lui laissant entrevoir dans le gouvernement de son père des imperfections que le sien saurait corriger, qu'à accuser les fautes d'un règne dans lequel l'historien n'en relevera que bien peu.

Ce n'étaient que des murmures, mais c'était de l'ingratitude, et le silence des serviteurs de Léopold l'aurait rendue odieuse, si une bouche amie de la vérité n'avait pris la parole pour défendre une administration, qui voulait être étudiée avant d'être blâmée. Cette bouche fut celle de Le Febvre, qui avait été le ministre de Léopold, et qui n'en avait reçu d'autre bienfait qu'une confiance sans bornes, en retour d'un long et entier dévouement. Maintenu par la Régente, mère de François, dans la haute position qu'il occupait au conseil du Prince et à la tête de la chambre des comptes, le président Le Febvre avait reconnu cette faveur, en servant le fils aussi loyalement qu'il avait servi le père; mais, en se donnant à l'un, il n'avait pas abjuré le culte qu'il avait voué à la mémoire de l'autre. Le jeune Duc était à Vienne, où il achevait, sous les yeux de l'Empereur, qui l'avait adopté, une éducation commencée sous le toit paternel: il voulut, avant de recevoir des mains de sa mère les rênes du gouvernement, visiter les états sur lesquels il allait régner: il vint à Lunéville, c'était dans les premiers jours de décembre 1729, deux mois après la mort de Léopold; à peine y est-il arrivé que le Président Le Febvre lui fait demander une audience; il l'obtient, se présente devant le Prince et lui fait sur le gouvernement du feu Duc, son père, une remontrance empreinte d'une noble franchise et d'une courageuse fermeté, et où respire un respect profond, et pour la dignité du souverain auquel il s'adresse, et pour la mémoire de celui dont il rappelle la sage administration. Il loue le

Duc dont l'ingratitude et la calomnie entreprennent de ternir la gloire, puis il examine un à un tous les reproches qu'on ose élever contre son gouvernement ; il les pèse, il les réfute et lorsque, à l'aide des faits qu'il oppose au vague des assertions, il les a réduits au néant, il ne demande plus qu'une chose au Prince, c'est de vérifier, par une enquête, le contenu de sa remontrance et de lui permettre, si quelqu'un s'avance pour contredire des faits dont il se constitue le garant, d'en fournir la preuve sans réplique.

Une démarche aussi hardie était de nature à frapper vivement le Prince ; il devait au moins éprouver un pénible embarras à se trouver en présence du serviteur dévoué, qui se portait le défenseur de la mémoire du père devant le fils, pour qui c'était un devoir de l'embrasser avant personne ; cette défense était un reproche muet ; aussi François s'émut-il plus d'une fois en l'entendant : ce mécontentement ne déconcerta pas le noble magistrat ; il continua la lecture de sa remontrance et, lorsqu'il l'eut terminée, il remit le papier entre les mains du Duc et se retira.

François avait l'âme de son père ; il était prévenu, il s'éclaira, et, loin de savoir à Le Febvre mauvais gré de sa franchise, il sentit tout ce que valait un conseiller dont la fidélité suivait ainsi ses maîtres au-delà du tombeau, il maintint, comme l'avait fait la Régente, le magistrat dans ses dignités, et donna sa confiance à l'homme qui avait été dépositaire de celle de son père. Le Febvre en fut reconnaissant et la conserva jusqu'à sa mort, qui arriva sept années après celle du Prince qui avait été son premier maître.

La gloire du règne de Léopold s'était, comme il

arrive toujours sous les grands princes, résumée en la personne du souverain. Cependant, au milieu des hommes qui en furent les instrumens, il est facile de distinguer le Président Le Febvre, et de démêler la part qu'il eut aux événemens de ce beau règne. Quelque modeste, quelque désintéressé qu'il fût, ses talens brillèrent d'un éclat que le génie du maître n'a pas effacé, et, dans la perspective de l'histoire, à travers le lointain des années, l'illustration du ministre s'aperçoit encore à côté de la gloire du souverain.

Le Febvre était né avec de grandes facultés qu'avait développées et muries une éducation forte et laborieuse; une intelligence aussi prompte qu'elle était solide, un amour du travail qui ne reculait devant aucune fatigue, et qui, après les affaires, ne connaissait encore que les affaires, en avaient fait un homme universel: de même que son aptitude s'appliquait à tout, l'étude et l'expérience lui avaient tout appris. L'administration se divise pour marcher, et pour trouver des hommes sur lesquels elle puisse s'appuyer dans sa marche. Le Febvre semblait en réunir toutes les branches dans ses mains; tous les principes, toutes les règles, tous les usages se confondaient dans sa science, pour n'en former qu'une seule, celle du gouvernement. Egalement versé dans les matières d'administration et dans celles des finances, dans l'étude du droit et dans celle de l'histoire, il était publiciste aussi consommé que profond jurisconsulte; il fut un financier habile et un domaniste de premier ordre; il porta le savoir jusqu'à l'érudition, et, au milieu des savans qui entouraient le Prince, on a pu dire qu'il était entré plus avant qu'aucun d'eux dans les antiquités de son pays, et que personne, dans les conseils où il siégea, n'a répandu autant de lumières que lui sur les obscurités qui enveloppaient le berceau de la famille de Lorraine. Mais Le Febvre avait plus que de la science, il avait de la vertu : d'un caractère ferme et élevé, il rappelait, par la simplicité de ses mœurs et la facilité de son commerce, ces personnages parlementaires dont la magistrature ancienne nous offre le type dans les Jeannin, les Harlay, les De Thou, les Molé, les Lamoignon ; il en avait l'incorruptible intégrité et la noble indépendance. Le pays et le Prince eurent toujours la première part dans ses affections, et, dans toutes les circonstances, il fit passer les intérêts de l'état avant les siens. Le monde le vit bien moins que le cabinet et le palais ; le devoir et l'étude se partagèrent toute sa vie, et, les instans de relâche qu'il pouvait leur dérober, il les donnait tout entiers à sa famille, où il trouvait, dans le sein de ses dieux domestiques, les seules distractions que se permît une vertu aussi austère que la sienne. Une fois que Léopold l'avait connu, il se l'était attaché pour jamais ; il en avait fait l'instrument de ces négociations qui assurèrent la paix de son règne et ouvrirent les destinées nouvelles réservées à ses enfans : il avait fait plus, il en avait fait le confident de ses pensées les plus intimes et l'homme d'état de la Lorraine et de sa maison. Le Febvre avait répondu à tant de confiance par un de ces dévouemens absolus, mais éclairés, qui servent le maître, non en caressant ses faiblesses et en flattant ses passions, mais en lui montrant ses erreurs et en lui disant la vérité. Ce dévouement ne fut pas d'un jour, il fut de toute la vie, et, lorsque le Prince ne fut plus, le fidèle conseiller conserva à sa mémoire ce culte courageux, plus noble peut-être que l'attachement dont il lui avait donné tant de preuves pendant qu'il vivait.

Le Febvre, en travaillant à la fortune du Duc, n'avait jamais songé à la sienne. Il était entré dans les affaires avec de l'aisance, il n'avait que de l'aisance quand il en était sorti, et ses enfans, lorsqu'ils recueillirent l'héritage de l'homme, qui avait obtenu pour son maître de si larges indemnités et acquis à sa postérité des droits sur un empire, n'y trouvèrent pas un seul lambeau de terre, qu'il dût à la reconnaissante munificence du Prince le plus généreux de son siècle.

Désintéressé du côté de la fortune, Le Febvre ne l'était pas moins du côté des honneurs et de la gloire ; il voulait servir son maître, mais il voulait, en quelque sorte, se soustraire à l'illustration que l'éclat de ses services devait attirer sur lui : il suffisait à sa modestie de les rendre, et il semblait qu'il y travaillât plus à son aise, en mettant à l'abri d'une mission privée le mérite éminent qui les lui rendait faciles. Un jour qu'il partait pour une mission, le Duc le pressait d'accepter le titre d'ambassadeur, il le refusa : « Laissez ce titre à un autre, Monseigneur, dit-il ; n'ayant pas à le porter, je serai plus à mon aise pour vous servir par mes conseils. » N'était-ce pas la marque d'un esprit supérieur, de résister aux séductions de la vanité et de décliner l'honneur de représenter un souverain, pour rester l'âme d'une négociation ?

Léopold comptait sur le dévouement de Le Febvre, mais il comptait aussi sur son savoir et sur son expérience : il le consultait sur tout, et sur tout il en recevait des mémoires, où le bon sens le plus exquis et une science qui n'est jamais en défaut, s'entendaient toujours pour donner des solutions pleines de netteté et des conseils empreints d'une profonde sagesse. Veut-il réformer la législation? il soumet à son examen ses lois nouvelles avant de les promulguer. Veut-il toucher à son système monétaire? C'est Le Febvre qu'il chargera d'étudier pour lui cette grande mesure. Law frappe-t-il à sa porte pour lui offrir les trésors de sa banque, d'Aubonne entreprend-il de le rallier à son plan de commerce? c'est Le Febvre qui lui conseille d'éloigner le premier, et c'est malgré ce sage conseiller qu'il accueille le second. S'agit-il de sceller par une alliance de famille l'alliance politique de la Lorraine avec la France? c'est dans le sein de Le Febvre que Léopold déposera ce secret d'état, et c'est Le Febvre qui conseillera de donner la main d'une princesse de Lorraine au jeune roi de France (1). De moindres intérêts solliciteront-ils l'attention du Duc? c'est encore à Le Febvre qu'il recourt, et son avis qu'il prend avant de rien résoudre.

Un exemple, pris parmi beaucoup d'autres, dans cet ordre de faits qui n'ont pas le privilége de fixer, par leur importance, les regards du souverain, nous montrera dans tout leur jour, d'un côté la vigilante bonté du Duc, de l'autre l'inflexible droiture du Premier Président.

On se plaignait de la manière dont se faisait la police à Nancy même, dans la ville capitale de la Lorraine; des avis secrets avaient révélé au Prince de nombreux

(1) Mémoire manuscrit du Président Le Febvre, sur cette question : s'il conviendrait à Son Altesse Royale, à la Maison et aux États de Lorraine d'accorder Madame la Princesse aisnée pour épouse au roy de France Louys XVe.

abus, et il sentait la nécessité d'introduire dans ce service une réforme radicale, en changeant, et les ordonnances qui le réglaient, et l'homme qui était chargé d'en diriger l'exécution. Le Duc consulte Le Febvre ; celui-ci, suivant son habitude, répond en posant nettement la question; puis il la discute avec méthode, et donne, avec clarté et précision, son opinion sur tous les points sur lesquels il est consulté; c'est dans la réponse à la lettre que le Duc lui écrit à ce sujet, qu'on lit ces paroles, où respire un sentiment de justice et d'égalité devant la loi, qu'on rencontre, chez ce magistrat, dans les moindres choses comme dans les plus grandes.

« En fait de police, il faut de l'uniformité, c'est-à-dire que la loi soit égale pour les grands comme pour les petits, puisqu'elle concourt au bien commun des uns et des autres. Il est bien douloureux au peuple d'être plus gêné que les grands, par rapport à ce qui doit être généralement utile ; et le peuple se soumet bien plus aisément quand il voit les grands lui montrer l'exemple; en effet, est-il juste d'accabler les bourgeois d'amendes de police pour avoir manqué un jour de balayer devant la porte, tandis qu'un officier de police n'osera rien dire à un seigneur voisin qui, faute de faire balayer devant un grand hôtel, rend la rue impraticable aux gens de pied.

« Je crois donc, Monseigneur, que quelque personne que V. A. R. puisse préposer, à Nancy, pour chef de police, il est essentiel de lui donner autorité sur toutes sortes de personnes indistinctement, et que ses ordonnances soient exécutées par provision, nonobstant appel. Il faut pour cela choisir un homme de bien, mais il faut aussi se confier à lui, le faire obéir et lui laisser le choix et la destitution des sergens de police qu'il emploiera (1). »

Ici les principes de la justice, invoqués avec tant d'autorité, relèvent le sujet et agrandissent la matière; la vérité fait la force, et ce langage si simple, qu'anime cependant la raison, saisit à l'égal de l'éloquence; je ne demande pas si l'on peut écrire avec plus de correction que Le Febvre ne le faisait en 1722, mais en 89 on n'a pas dit, et de nos jours l'on ne dit pas avec plus de noblesse et un sentiment plus profond de l'équité, sur cette partie familière de l'administration, par laquelle l'impartialité du gouvernement se fait sentir aux classes les plus humbles comme les plus élevées de la société.

C'étaient ces communications de tous les jours, ces conseils sur toutes les matières, cette science toujours prête, cette raison toujours supérieure, cette probité qui ne s'était jamais démentie, ce dévouement qui ne s'était jamais fait attendre, qui avaient attiré Léopold vers Le Febvre, et qui avaient conquis à ce loyal serviteur sa confiance et son affection: le souverain fut reconnaissant, mais, s'il n'employa pas le langage des faveurs pour publier sa reconnaissance et la faire sentir, cependant il ne la renferma pas au-dedans de lui-même; il la témoignait dans toutes les occasions, il la témoignait devant ceux-mêmes qui auraient puisé, dans de grands services rendus au Prince et au pays, le droit d'en être jaloux: « Vous êtes mes amis, disait-il un jour à deux seigneurs de sa cour, mais Le Febvre est mon homme d'état. » Belles et nobles paroles, qui font plus encore l'éloge du prince, qui les a prononcées, que celui

(1) Lettre du Président Le Febvre au duc Léopold, du 16 février 1722.

du serviteur fidèle dont elles rappelaient le dévouement !

Excellent souverain, homme d'état éminent en effet, dignes l'un de l'autre et dont l'accord fit, en si peu de tems, de si grandes choses dans un pays en proie à tant de misères. Un état repeuplé, la prospérité rendue au commerce et à l'agriculture, les tribunaux rétablis et les lois améliorées par des réformes, la tranquillité au-dedans, la paix et la neutralité au-dehors, les arts encouragés, la vertu mise en honneur par l'exemple du Prince, enfin des temples ouverts partout pour recueillir le pauvre et l'orphelin ; tels sont les bienfaits que le règne de Léopold répandit sur la Lorraine, et dont plus d'un passa par les mains de Le Febvre avant de lui parvenir. Des états reconquis, des indemnités obtenues, des possessions nouvelles ajoutées aux anciennes, d'anciennes affranchies de leur vasselage, des traités avec toutes les grandes puissances ; pour l'héritier du duché, dans le présent la main de l'héritière de l'Empire, dans l'avenir la perspective presque certaine d'états immenses et d'une couronne dépendante et précaire échangée contre une couronne libre et ne relevant que d'elle-même ; tels sont les avantages que la sage politique de Léopold, aidée du concours de son fidèle conseiller, assura à sa maison.

Cette union, cet empire que leurs efforts réunis semblaient conquérir pour une autre génération, les sujets du Duc y applaudirent, parce qu'ils ajoutaient à la gloire présente de leur souverain ; mais leurs effets sur la destinée de cette maison n'étaient pas un mystère pour lui ; c'était son secret, il ne le laissait pas échapper, car ses pressentimens, s'ils eussent transpiré, auraient affligé les Lorrains, qui avaient, dans leur fidélité, rêvé leurs ducs absens et qui n'auraient pu, lorsqu'ils les possédaient, se faire à l'idée de s'en séparer un jour.

Le Febvre, dans sa prévoyance, n'avait pu non plus se faire illusion sur les conséquences du mariage de l'héritier du Duché avec l'héritière de l'Empire; il avait dû comprendre que la France ne laisserait jamais réunir les deux couronnes sur la même tête et enclaver l'Alsace dans l'Empire; la Lorraine ne s'en détacherait donc que pour s'incorporer à la France, et passer, du gouvernement de princes qui n'avaient jamais étendu sur leurs sujets qu'un sceptre paternel, sous la domination d'un Roi qui lui avait fait éprouver, pendant si long-tems, tous les maux de la guerre et de l'occupation; il en avait dû coûter au patriotisme de cet homme d'état et à son amour pour une maison qu'il avait si bien servie, de négocier ainsi l'anéantissement de sa patrie et l'émigration de ses maîtres : toutefois, il pouvait s'en consoler par la pensée que si jamais cette patrie perdait sa nationalité, ce serait pour avoir sa part de celle du peuple le plus brillant de la terre, et que, si ces souverains quittaient un jour l'un des berceaux de leur famille, ce serait pour aller en retrouver un autre, et porter une paix perpétuelle dans un empire troublé, à chaque règne, par les guerres d'élection.

Cette paix était une autre conquête, qui leur coûterait plus de sang et de peine que la première; il fallait, pour accomplir sa destinée, que le Prince enfant, qui devait, en s'asseyant sur le trône impérial, y affermir un nouveau droit héréditaire, vînt, en suppliant et porté dans les bras de sa mère, réclamer, pour y établir son père, l'appui des fidèles Hongrois.

Il n'y avait pas un demi-siècle qu'un duc de Lorraine, dépouillé de ses états, avait recommandé, d'une manière si noble et si touchante, ses enfans à la tendre sollicitude de l'Empereur, son oncle : Marie-Thérèse, qui avait donné sa main au petit-fils de Charles V, n'était pas plus heureuse que l'aïeule de son époux, et, pour conserver l'Empire à son fils, cette mère poursuivie jusqu'au cœur de ses états, mais jusque dans sa défaite supérieure à sa fortune, avait été obligée d'en appeler de l'Europe conjurée à la fidélité de ses sujets, et de se mettre avec cet enfant sous leur protection. Ses vœux, comme ceux du duc de Lorraine, avaient été exaucés et, du sein de si cruelles épreuves, la Providence avait conduit Joseph II sur le trône de Marie-Thérèse et de François I, comme Léopold sur celui de Charles V.

FIN.

www.ingramcontent.com/pod-product-compliance
Lightning Source LLC
LaVergne TN
LVHW020249230826
846091LV00006B/2326

9782012465497